U0721762

记住乡愁

——留给孩子们的中国民俗文化

刘魁立◎主编

第七辑 民间礼俗辑

乡规民约

萧放 贾琛◎编著

本辑主编 萧放

北 黑龙江少年儿童出版社

序

  亲爱的小读者们，身为中国人，你们了解中华民族的民俗文化吗？如果有所了解的话，你们又了解多少呢？

  或许，你们认为熟知那些过去的事情是大人们的事，我们小孩儿不容易弄懂，也没必要弄懂那些事情。

  其实，传统民俗文化的内涵极为丰富，它既不神秘也不深奥，与每个人的关系十分密切，它随时随地围绕在我们身边，贯穿于整个人生的每一天。

  中华民族有很多传统节日，每逢节日都有一些传统民俗文化活动，比如端午节吃粽子，听大人们讲屈原为国为民愤投汨罗江的故事；八月中秋望着圆圆的明月，遐想嫦娥奔月、吴刚伐桂的传说，等等。

  我国是一个统一的多民族国家，有 56 个民族，每个民族都有丰富多彩的文化和风俗习惯，这些不同民族的民俗文化共同构筑了中国民俗文化。或许你们听说过藏族长篇史诗《格萨尔王传》

中格萨尔王的英雄气概、蒙古族智慧的化身——巴拉根仓的机智与诙谐、维吾尔族世界闻名的智者——阿凡提的睿智与幽默、壮族歌仙刘三姐的聪慧机敏与歌如泉涌……如果这些你们都有所了解，那就说明你们已经走进了中华民族传统民俗文化的王国。

你们也许看过京剧、木偶戏、皮影戏，看过踩高跷、耍龙灯，欣赏过威风锣鼓，这些都是我们中华民族为世界贡献的艺术珍品。你们或许也欣赏过中国古琴演奏，那是中华文化中的瑰宝。1977年9月5日美国发射的"旅行者1号"探测器上所载的向外太空传达人类声音的金光盘上面，就录制了我国古琴大师管平湖演奏的中国古琴名曲——《流水》。

北京天安门东西两侧设有太庙和社稷坛，那是旧时皇帝举行仪式祭祀祖先和祭祀谷神及土地的地方。另外，在北京城的南北东西四个方位建有天坛、地坛、日坛和月坛，这些地方曾经是皇帝率领百官祭拜天、地、日、月的神圣场所。这些仪式活动说明，我们中国人自古就认为自己是自然的组成部分，因而崇信自然、融入自然，与自然和谐相处。

如今民间仍保存的奉祀关公和妈祖的习俗，则体现了中国人崇尚仁义礼智信、进行自我道德教育的意愿，表达了祈望平安顺达和扶危救困的诉求。

小读者们，你们养过蚕宝宝吗？原产于中国的蚕，真称得上伟大的小生物。蚕宝宝的一生从芝麻粒儿大小的蚕卵算起，中间经历蚁蚕、蚕宝宝、结茧吐丝等过程，到破茧成蛾结束，总共四十余天，却能为我们贡献约一千米长的蚕丝。我国历史悠久的养蚕、丝绸织绣技术自西汉"丝绸之路"诞生那天起就成为东方文明的传播者和象征，为促进人类文明的发展做出了不可磨灭的贡献！

小读者们，你们到过烧造瓷器的窑口，见过工匠师傅们拉坯、上釉、烧窑吗？中国是瓷器的故乡，我们的陶瓷技艺同样为人类文明的发展做出了巨大贡献！中国的英文国名"China"，就是由英文"china"（瓷器）一词转义而来的。

中国的历法、二十四节气、珠算、中医知识体系，都是中华民族传统文化宝库中的珍品。

让我们深感骄傲的中国传统民俗文化博大精深、丰富多彩，课本中的内容是难以囊括的。每向这个领域多迈进一步，你们对历史的认知、对人生的感悟、对生活的热爱与奋斗就会更进一分。

作为中国人，无论你身在何处，那与生俱来的充满民族文化DNA 的血液将伴随你的一生，乡音难改，乡情难忘，乡愁恒久。这是你的根，这是你的魂，这种民族文化的传统体现在你身上，是你身份的标识，也是我们作为中国人彼此认同的依据，它作为一种凝聚的力量，把我们整个中华民族大家庭紧紧地联系在一起。

《记住乡愁——留给孩子们的中国民俗文化》丛书，为小读者们全面介绍了传统民俗文化的丰富内容：包括民间史诗传说故事、传统民间节日、民间信仰、礼仪习俗、民间游戏、中国古代建筑技艺、民间手工艺……

各辑的主编、各册的作者，都是相关领域的专家。他们以适合儿童的文笔，选配大量图片，简约精当地介绍每一个专题，希望小读者们读来兴趣盎然、收获颇丰。

在你们阅读的过程中，也许你们的长辈会向你们说起他们曾经的往事，讲讲他们的"乡愁"。那时，你们也许会觉得生活充满了意趣。希望这套丛书能使你们更加珍爱中国的传统民俗文化，让你们为生为中国人而自豪，长大后为中华民族的伟大复兴做出自己的贡献！

亲爱的小读者们，祝你们健康快乐！

刘魁立

二〇一七年十二月

目 录

乡规民约发展小史……………………1

少数民族规约：以侗族的
「侗款」为例……………………51

乡规民约分类体系及
价值辨析……………………61

乡规民约发展小史

| 乡规民约发展小史 |

"德，谓见善必行，闻过必改。能治其身，能治其家，能事父兄，能教子弟……"拂去历史的尘埃，庄严肃穆的白鹿原祠堂里传出白嘉轩率领族众背诵乡约的朗朗洪声。对族长白嘉轩来说，乡约不仅是管理族人之法，更是乡土道德之魂，它被镌刻在石碑上，放置在威严的祠堂里用以警示，更被作为族人行为处事的道德规范与评判准则。小说《白鹿原》这样描写乡约治理下的白鹿原村庄："从此偷鸡摸狗摘桃掐瓜之类的事顿然

| 影视作品《白鹿原》中的祠堂，位于陕西蓝田白鹿原影视城 |
贾琛 摄

影视作品《白鹿原》中的村口，位于陕西蓝田白鹿原影视城
贾琛 摄

影视作品《白鹿原》中的祠堂内景图，位于陕西蓝田白鹿原影视城
贾琛 摄

绝迹，摸牌九搓麻将抹花花掷骰子等赌博营生全踢了摊子，打架斗殴扯街骂巷的争斗事件再不发生，白鹿村人一个个都变得和颜可掬文质彬彬，连说话的声音都柔和纤细了。"

小说是一个民族的秘史。《白鹿原》中所刻画的由朱先生制定的乡约正是源于我国现存最早的产生于宋代的成文乡规民约《吕氏乡约》。而"朱"字由"牛""人"二字组合而成，朱先生的原型正是清代末期最后一位关中大儒——"蓝川先生"牛兆濂，他一生传道授业、传习《吕氏乡约》，其躬行精神、光辉人格、家国情怀在历史上留下了浓墨重彩的一笔。

国有国法，家有家规，乡有乡约。乡规民约是介于家规、国法之间，治理一方水土与一方人民的成文规范及组织机制，它以契约的方式对约内成员的日常生活、道德规范、集体事务进行规定，并借用一定的赏罚措施来维护约众权益与集体利益，推行道德教化，促进乡约组织目标的实现。自《吕氏乡约》于北宋熙宁九年（1076 年）制定以来，乡规

陕西蓝田白鹿原影视城中的陈忠实（小说《白鹿原》的作者）塑像｜
贾琛 摄

民约在历史的长河中浮沉波荡，在不同的历史时段呈现出各异的发展特点，在广大农村的应用实践中也体现出不同的风貌。

一、宋代：乡规民约的肇始期——以《吕氏乡约》为例

《吕氏乡约》也叫《吕氏乡约乡仪》，由北宋时期吕大钧制定，被认为是我国成文乡规民约的鼻祖。它倡导"德业相劝、过失相规、礼俗相交、患难相恤"，树立起乡民修身齐家、立业交游，以及乡党互济的行为准则，并通过聚会形式赏罚善恶，教化民风，使关中风俗为之一变。但半个世纪后，金人的入侵使得乡约原文几近失传，幸而经过南宋理学

家朱熹的整理修订，《吕氏乡约》才重获新生，并对后世乡规民约的发展与乡村治理产生重要影响。

北宋时期，"蓝田四吕"（下文简称"四吕"）闻名于世，分别为吕大忠、吕大防、吕大临、吕大钧。兄弟四人品学兼优，事业有成，道德彰显：吕大忠将《石台孝经》《开成石经》以及长安一带历代碑石迁移至府学北面保存，开创了西安碑林的雏形；吕大防官至宰相，为官有品有节，正直不阿，声誉卓著；吕大临一生致力学问，与谢良佐、游酢、杨时并称"程门四先生"，在儒学研究、金石考证方面俱有建树；《吕氏乡约》的制定者吕大钧在兄弟中排行第三，他与宋代理学四大流派中的关学一派（其他三派分别为周敦颐倡导的濂学，程

陕西蓝田乔村中的"四吕"宣传墙：吕大忠
贾琛 摄

颢、程颐倡导的洛学以及南宋朱熹倡导的闽学）的创始人张载本为同科进士，因赏识张载反对空谈理性，主张"经世致用、躬行礼教"的精神，赞叹其"为天地立心，为生民立命，为往圣继绝学，为万世开太平"的胸怀，毅然拜张载为师，毕生传授张载学说，践行礼教。由他主持制定的《吕氏乡约》使得"关中风俗为之一变"，是"知行合一"思想的成功实践。

吕大钧去世后，范育为他写了墓志铭，称赞他"明善至学，性之所得者，尽之于心；心之所知者，践之于身。妻子刑之，朋友信之，乡党宗之，可谓至诚敏德者矣"。当地人为了纪念吕氏四人，建"四献祠"以示尊敬，《宋史》也专为四人作传。在当

代，"四吕"故里陕西蓝田乔村的吕氏后人仍然在通过清明祭祀、文化研究、乡约教育等方式纪念先祖，传承"四吕"精神。

《吕氏乡约》分为《乡约》和《乡仪》两部分。《乡约》的主要内容为同约人应遵守的道德规范以及相应的组织规范，包含"德业相劝、过失相规、礼俗相交、患难

相恤"四大条款，以及"主事、罚式、聚会"三项内容；《乡仪》分"宾仪、吉仪、嘉仪、凶仪"四种日常交往活动，规定了村民应该遵循的礼节仪式。

"德业相劝"，规定同约之人要在道德品质和个人言行方面相互劝诫。"德"即德行修养，要求做到"见善必行，闻过必改。能治其身，能治其家；能事父兄，能教子弟；能御僮仆，能事长上；能睦亲故，能择交游。能守廉介，能广施惠；能受寄托，能救患难；能规过失，能为人谋，能为众集事；能解斗争，能决是非；能兴利除害，能居官举职"，其中只要有一项德行被认可，就可以登记在册。"业"即言行实践，要求"居家则事父

| 陕西蓝田乔村中的《吕氏乡约》宣传墙 |
贾琛 摄

德業相勸　過失相規

禮俗相交　患難相恤
　　　　　——《吕氏乡约》

兄，教子弟，待妻妾；在外则事长上，接朋友，教后生，御僮仆。至于读书治田，营家济物，好礼乐射御书数之类，皆可为之"。其对个人修养、待人接物、学习交游等进行了规定。

"过失相规"，从"犯义之过""犯约之过""不修之过"三个方面总结了个人的不当言行和过错，希望

约众引以为戒，相互监督。其中，"犯义之过"情节最为严重，包括：1. 酗博斗讼，即酗酒赌博、斗殴叫骂、告人罪恶。2. 行止逾违，即行为举止不合规矩。3. 行不恭逊，即言谈举止不恭敬谦让，侮辱谩骂有德之人、年长之人，恃强凌弱，闻过不改等。4. 言不忠信，包括背信弃义、诬告冤枉等。5. 造言诬毁，指的是诬告陷害，以无为有，以小为大，或者宣扬隐私，在背后议论过错等行为。6. 营私太甚。包括四种人：与人交易但克扣敛财的人，专营进取的人，无缘无故而求借贷的人，受人所托但欺瞒施骗的人。"犯约之过"包括德业不相劝、过失不相规、礼俗不相交、患难不相恤四个方面，即违

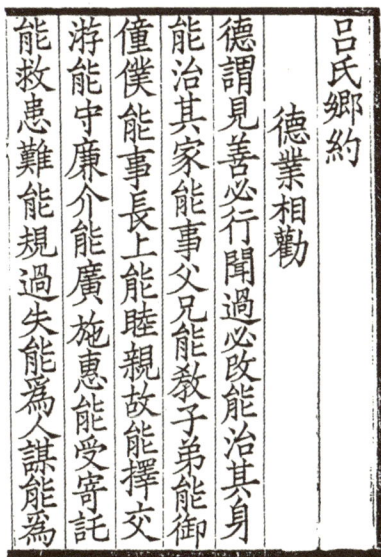

"德业相劝"条款（书影）

|"过失相规"条款（书影）|

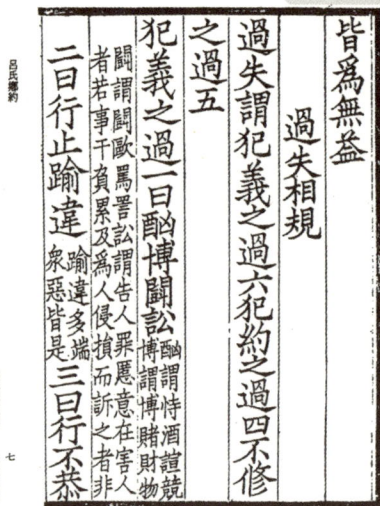

"过失相规"条款（书影）

皆為無益

過失相規

過失謂犯義之過六犯約之過四不修
之過五

犯義之過一曰酗博鬬訟
酗謂特酒譿競
博謂博賭財物
鬬謂鬬歐罵詈
訟謂告人罪惡
意在害人者若
事干負累及爲
人侵損而訴之
在者非

二曰行止踰違
踰違多端
象惡皆是

三曰行不恭

吕氏鄉約

七

背四大条款的行为。"不修之过"包括交非其人、游戏怠惰、动作无仪、临事不恪（遇事或主事时懈怠马虎，拖延不敬）、用度不节等行为。犯以上过错的人会被记录下来，若累计犯错三次，则施以刑罚。

"礼俗相交"，规定了冠、婚、丧、葬以及日常交往的礼仪，它是以《仪礼》或家传规矩为基础制定的。比如凡遇庆贺吊唁，应由家长代表，和同约人一起前往，帮助之事，相赠之物，"临时聚议，各量其力，裁定名物及多少之数"。赠送物品，应根据具体场合确定所赠物品及价值，比如婚嫁庆贺赠送币、帛、羊、酒、蜡烛、雉、兔、果实等；若遇灾患，则赠予钱、帛、米、谷、薪、炭等物。凡帮助做事，"婚嫁则借助器用，丧葬则又借助人夫，及为之营干"。

"患难相恤"这一部分内容除了道德教化、礼仪约束之外，从水火、盗贼、疾病、死丧、孤弱、诬枉、贫乏七个方面规定了同约人相互帮助、相互救济的原则，它是通过村民互助保障民生的重要举措。比如遇到盗贼的时候，"居之近者，同力捕之。力不能捕，则告于同约者，

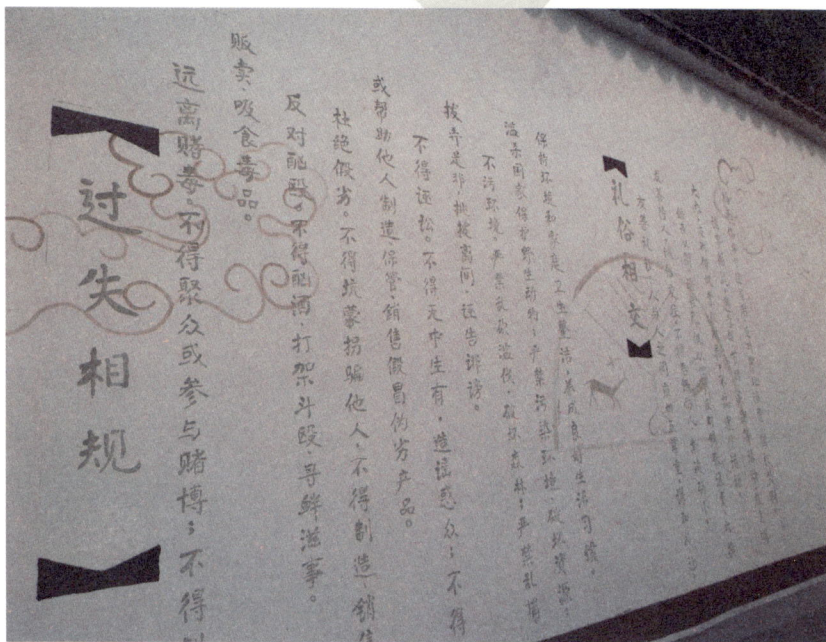

陕西蓝田乔村中的《蓝田新乡约》宣传墙："过失相规"条款、"礼俗相交"条款| 贾琛 摄

及白于官司，尽力防捕之"。如有疾病，"小则遣人问之，稍甚则亲为博访医药。贫无资者，助其养疾之费"；如果有安贫守分，但不能维持生计的人，"众以财济之，或为之假贷置产，以岁月偿之"；遇到儿童孤弱无依的情况，如果其家中有财产可以赡养，约中人应通过官府，或选择其亲人、近邻抚养，帮助孩子主事，不使之因年少无依而遭受欺骗；如果家

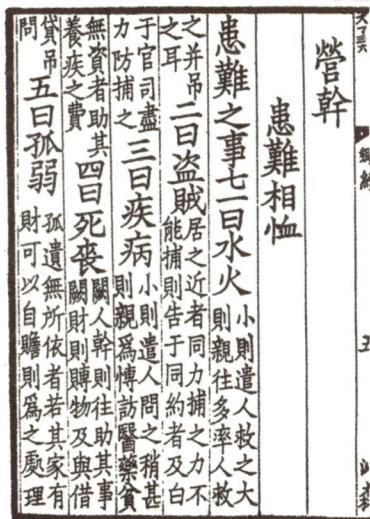

"患难相恤"条款（书影）

中贫困且无所依靠，约中人应同力救助，供给住所与衣食；另外，约众要在其上学、结婚、品行教育上提供帮助，担负责任。

"罚式、聚会、主事"三部分类似于当代组织的规章制度，它规定了乡约的赏罚标准、组织活动、组织机构。"罚式"规定的惩罚措施依据情节轻重程度依次包括记录在案、罚款、开除出约等。"聚会"规定，同约人"每月一聚，具食；每季一聚，具酒食"，在聚会中对约中大事进行讨论，并总结一段时间内同约人的表现，"书其善恶，行其赏罚"，通过类似"乡饮酒礼"的方式赏罚善恶，有劝善戒恶的作用。"主事"规定了乡约的职能部门：乡约设约正一至二人，推举约中正直不阿者担任，专门负责善恶赏罚，并设置直月一人，依同约者年龄长幼，轮流担任，一月一换，总理约中聚会、记录等事宜。

《乡仪》分"宾仪、吉仪、嘉仪、凶仪"四部分，规定了民众日常生活的礼仪规范。"宾仪"即社会交往、招待宾客的礼节，包括相见之节、往还之数、拜揖、齿位，以及道途相遇、饯送等情况

《乡仪》（书影）

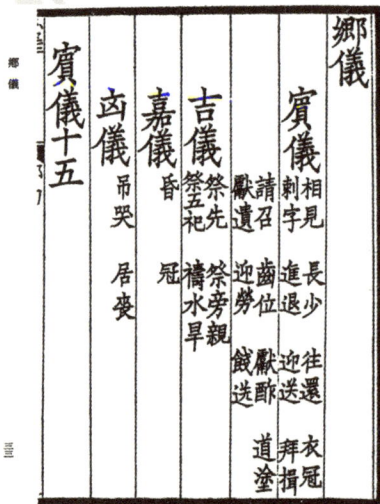

中的礼仪规范。"吉仪"是指对天、地、人的祭祀典礼,《乡仪》中对祭先、祭旁亲、祭五祀、祷水旱四种仪式均做了介绍。"嘉仪"包括婚、冠两种礼仪规范。"凶仪"包括哭吊、居丧两种礼仪规范。南宋朱熹在修订时,将这部分内容补充在了"礼俗相交"款项之下,使之更加完整、具体。

综合来看,《吕氏乡约》有组织机构、集体活动、组织规范、精神纲领、奖惩措施,可以说,形成了具备自主、自发、自治精神的基层自治组织,它将儒家的道德思想贯彻到老百姓的日常生活中,不仅成为个人的齐家修身标准,更成为整个乡村的指导规范与治理准则,扩展深化了儒家思想传承、传播的广度和深度。

《吕氏乡约》制定后仅半个世纪,金人入侵,乡约湮灭不传。到了南宋,重视以学教民、以礼化民的理学家朱熹认识到乡约的价值,对其增损修订,不仅呵护了乡约的萌芽,使乡约原文在战乱中得以保全,而且在其显著声誉与学术地位的助推下,《吕氏乡约》逐渐声名远扬,恢宏历代。

朱熹是著名的思想家、教育家,集宋代理学之大成,是儒学发展到宋明时期的主要代表人物,被尊称为"朱文公"。朱熹认为每个人都应先"格物致知、自明明德",并在此基础上以己为范,推己及人,通过躬行实践,引领社会教化。在这种思想的指导下,他编写《家礼》,

在平民阶层推行礼仪规范，改变了"礼不下庶民"的局面，并且修订《吕氏乡约》，希冀乡约在平民教化中发挥作用。

朱熹在南宋淳熙二年（1175年）修订了《吕氏乡约》，主要贡献包括：

1.确定《吕氏乡约》的作者为吕大钧。

2.修整、完善乡约框架：将《乡约》《乡仪》合并为《增损吕氏乡约》；将"主事"内容置于开篇以说明乡约组织制度，并增设"约副"二人讲解乡约的内容；将"罚式"部分置于"过失相规"条款下以对应相应的惩罚措施；将"聚会"内容仪式化，将其扩充为"月旦聚会读约之礼"；将"乡仪"中繁杂的条目整合为四部分，并将其归于"礼俗相交"款项之下等。

3.在组织制度方面，朱熹使人员管理、功过奖惩制度规范化。《增损吕氏乡约》规定约中要设三本簿册，分别记录"入约者""德业可劝者""过失可规者"。文字记录可以留存百世，簿册的设置一方面加强了组织管理，另一方面促使约众为争取"青史留名"而多做善事，避免"臭名远扬"而少行不义。朱熹特别强调思想教化的作用，他取消了《吕氏乡约》中的罚款惩罚，改为"同约之人各自省察，互相规戒。小则密规之，大则众戒之"，当事人如果表示愿意悔改，再书于簿册，若不听劝诫，屡教不改，则被清除出约。

4. "聚会"的形式被扩展为"月旦聚会读约之礼"。集会每月举行一次，选在朔日进行，地点设置在乡校，须在北壁悬挂至圣先师孔子的画像。集会当日，同约之人首先按照长幼尊卑之序行礼就座，之后由直月朗读一遍约文，约副针对约众的提问做出解释和回答。然后进入推举善恶环节，由直月当众朗读有善行的人的名单以示奖励，并私下传看有恶行的人的名单以示劝诫。最后约内聚餐，餐后约众自由活

| 孔子像 |

动，或讨论学问，或练习射箭，直至下午申时（15:00-17:00）结束。

朱熹的《增损吕氏乡约》不仅使乡约的框架设计更为系统简明，而且促进了乡约组织制度的进一步规范化。《增损吕氏乡约》虽没有真正实行，但它在乡约的历史延续中扮演了重要角色。自此，乡约的发展逐渐兴盛起来。

二、明代：乡规民约的兴盛期——以《南赣乡约》《泰泉乡礼》为例

明太祖朱元璋即位后，推行了一系列教化措施来治理乡村，比如宣讲《圣谕六言》，设置老人制度，推行乡饮酒礼、里社祀神、兴办社学等。寒苦出身的朱元璋更加通晓民情，明白官吏在民间的盘剥与官民冲突，因此大力倡导民间内生的治理模式来进行管理。他倡行老人制度，让地方长官和当地推选的老人共同治理乡村。老人不仅要调解、决断民间纠纷，还负担道德教化的职能。为了教化民风，每乡每里要设置一位老人或者盲人（由儿童牵引）来持木铎

明太祖朱元璋画像

巡行本地，口唤《圣谕六言》——"孝顺父母，尊敬长上，和睦乡里，教训子孙，各安生理，毋作非为"。这六句话在后代乡约和族规中也多有出现。在朱元璋的治理下，社会稳定，国家安宁。永乐年间，明成祖朱棣将《吕氏乡约》颁行天下，"使诵行焉"，自此，乡约条文在全国范围内得到推广，但乡

明成祖朱棣画像

约作为一种组织形式在当时并没有受到重视。直到正德年间以后，社会危机严重，乡村政治趋于疲敝，乡约制度重新登上了政治舞台。

嘉靖八年（1529 年），明代统治者接受官员王廷相的建议，开始在全国推广乡约，乡约由民间自发的以教化为主要功能的组织变成了国家基层行政制度的一环。由此，官办乡约迅速发展起来。此时，乡约内容更加注重宣讲圣谕，而且与保甲、

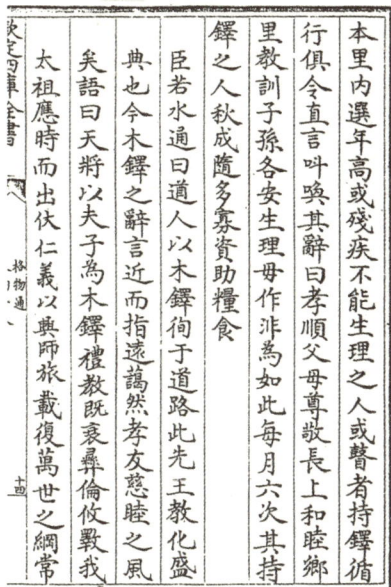

《圣谕六言》（书影）

社学、社仓等制度结合起来，形成了统一的乡村治理体系。其中，以王守仁的《南赣乡约》和黄佐的《泰泉乡礼》为代表，我们可以明显看出其中的变化。

（一）王守仁与《南赣乡约》

王守仁，字伯安，号阳明，浙江余姚人，因曾筑室于会稽山阳明洞，世人尊称其为"阳明先生"，他是明代"陆王心学"的集大成者。正德十一年（1516年），王守仁巡抚福建、广东、江西、

王守仁画像（书影）

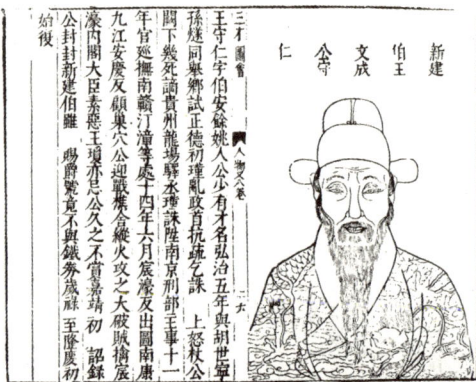

湖南四省交界的南赣地区，当地流民汇集，人员构成复杂，强盗猖獗，烧杀掳掠频发，严重影响了社会安宁。在这种情况下，王守仁采取剿抚结合的方式重建当地社会秩序，他一方面以武力剿灭盗匪，另一方面实行"十家牌法"，倡导《南赣乡约》，兴办社学，抚民安民。

"十家牌法"是一种连坐弭盗制度。每户人家都需填写一块木牌，悬挂在门户之上，木牌上写着家中门户籍贯、人丁多寡、从事职业、有无寄宿之人等信息，以备检查。十家编成一牌，设"十家牌"，由十家轮流掌管，掌管者"每日酉牌时分，持牌到各家，照粉牌审查：某家今夜少某人，往某处，干某事，某日当回；某家今夜

多某人，是某姓名，从某处来，干某事。务要审问的确，仍通报各家知会"，如果有面目生疏、形迹可疑的人，要立即报告村中保长，由保长率人追捕盗贼。如果因隐瞒不报而造成严重后果，则十家同罪，同时接受处罚。这种邻里、乡民相互监督与稽查的保障措施的确很有实效，社会基本得以稳定。

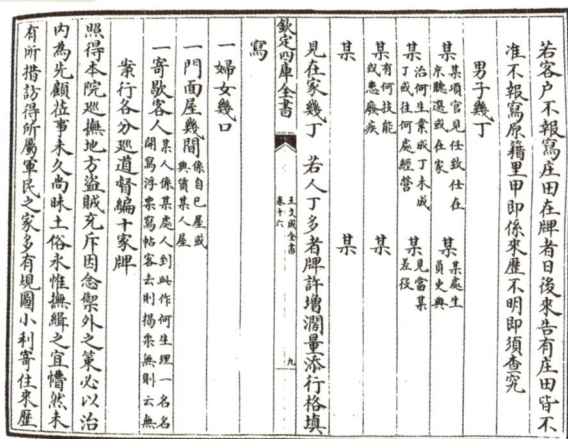

"破山中贼易，破心中贼难。"平定盗匪之后，王守仁为彻底根除人们心中之贼，开始制定乡约，推行教化，也就是流传后世的《南赣乡约》，也称《阳明先生乡约法》。

《南赣乡约》包括两部分，一是谕民公告，说明施行乡约的目的，二是乡约组织的规章制度与具体内容。

1265—428

"十家牌"（书影）

在谕民公告中，王守仁认为民俗之善恶，是积习的结果，乡里不治与有司治理无道、父老子弟不加劝诫有重要关系，他希望通过乡约使得同约之人"孝尔父母，敬尔兄长，教训尔子孙，和顺尔乡里，死丧相助，患难相恤，善相劝勉，恶相告戒，息讼罢争，讲信修睦，务为良善之民，共成仁厚之俗"。王守仁将《圣谕六言》中的"孝顺父母、尊敬长上、和睦乡里、教训子孙"与《吕氏乡约》

21

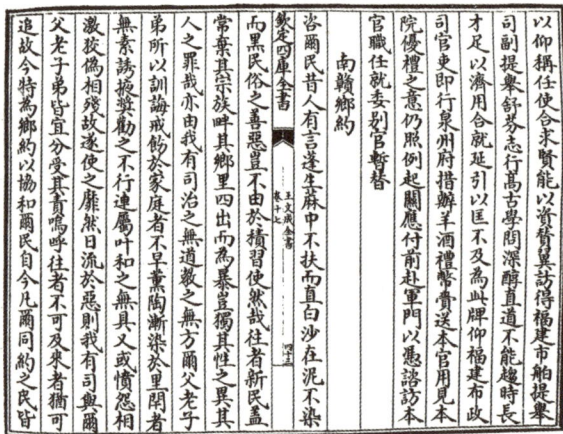

《南赣乡约》
（书影）

中的"德业相劝、过失相规、患难相恤"结合，作为乡约的指导思想。从内容上来看，《南赣乡约》由一条一条的公告组成，大致包括以下三部分：

1. 乡约的组织机制

在《南赣乡约》中，主事人员不仅数量增多，而且分工更加详细。其中，规定同约中推年高有德、为众所敬服者一人为约长，二人为约副，推公直果断者四人为约正、通达明察者四人为约

史、精健廉干者四人为知约、礼仪习熟者二人为约赞。设置三扇文簿：一扇备写同约人的姓名，一扇用作彰善，一扇用作纠过，由约长保管。其中特别将"彰善"与"纠过"作为约长的要务，即是对乡民教化的重视。《南赣乡约》列举了"彰善"与"纠过"的处理方式，强调奖惩的目的在于教化从善，而非惩治，指出"彰善""纠过"要讲究方法，彰善要"辞显而决"，纠过要"辞隐而婉"。比如，如果有人不善待兄弟，不能

文簿

22

直接说他"不悌"，而应该说"但云闻某于事兄敬长之礼，颇有未尽；某未敢以为信，姑案之以俟"。有人犯错时，要先在私底下教导劝诫，并将其记录在纠过簿上，"以兴其善念"；如果他不能悔改，再给一次机会，如果还不能改，则告于官府，屡教不改，则请兵灭之。数次包容，但又设置底线，恩威并施，是一种较为人性的处置办法。

2. 乡约的遵行规范

除了道德教化，《南赣乡约》也为解决现实问题提供了标准，针对当时存在的放贷收息、挟私报复、暗通匪寇、收受贿赂、铺张浪费等社会问题进行了规定。比如，第七条规定，商户在放债收息时要避免将穷人逼得

走投无路而被迫为匪的情况；对有困难的穷人，应宽限日期或者给予宽待；对偿还过度的人，要予以追还；计算利息时要按照常例，不得累算，若造成恶果，同约之人有监督并上报官府的权利。第十三条和第十四条则对婚丧置办进行了规定：婚礼中男方的聘礼和女方的嫁妆要根据实际财力权衡决定，不得因为礼金问题而耽误婚期；父母丧葬，衣衾棺椁要根据家庭经济条件置办，以尽孝心为上，不得倾尽家财，大操大办。若有违反，则被记录在纠过簿上。

3. 乡约的集会仪式

《南赣乡约》规定，每月农历十五这天为同约之人聚会的日子，约中每人出银三分用作饮食费用，因故不

到的人需要提前请假，无故不到的人会被记录在纠过簿上，并罚银一两用作公用。仪式过程包括读谕盟誓、彰善纠过、申诫劝勉三部分。

与《吕氏乡约》不同的是，《南赣乡约》中增加了设告谕牌、宣读圣谕、盟誓等环节。在集会的前一天，知约要先到约所内将约所打扫干净，然后放置告谕牌和香案。集会当天，同约之人到齐后，约赞鸣鼓三次，约众在香案前跪听约正宣读圣谕，之后进行盟誓："自今以后，凡我同约之人，祇奉戒谕，齐心合德，同归于善。若有二三其心，阳善阴恶者，神明诛殛。"约众响应回复："若有二三其心，阳善阴恶者，神明诛殛。"之后，约正宣读乡约，读毕大声呼吁："凡我同盟，务遵乡约。"约众皆言："是。"盟誓凭

借约众对神明的敬畏而增强了乡约的约束性，此举是借民间信仰与民间力量以强化组织纪律规范的做法。

彰善纠过由约史、约长主持。约史像国家的史官一样，负责品评善恶，褒贬历史，约长负责管理教育。彰善纠过的仪式过程也极具仪式性和表演性。以纠过为例，约中的年轻人向年长者敬酒三次之后，知约在台阶下设纠过位以及纠过簿，约赞鸣鼓三次，唱："请纠过！"

众人都说："是在约史。"约史便来到纠正过失的牌位处，大声说："闻某有某过，未敢以为然，姑书之，以俟后图，如何？"众人回答："约史必有见。"接下来，约史询问众人的意见，众人有则坦言，若没有则说："约史所闻是矣！"确认之后，约史将过错记录在纠过簿上。之后约长劝诫犯过者："虽然姑无行罚，惟速改！"犯过者跪着请求说："某敢不服罪！"然后站起来倒满

|鸣鼓|

酒，跪着对众人说："敢不速改，重为长者忧！"接下来约正、约副、约史自罚，说："某等不能早劝谕，使子陷于此，亦安得无罪！"于是他们倒酒，喝完。犯过者复跪请求说："某既知罪，长者又自以为罚，某敢不即就戮，若许其得以自改，则请长者无饮，某之幸也！"紧接着，犯过者向后退了退，主动酌酒自罚。约正、约副便说："子能勇于受责如此，是能迁于善也，某等亦可免

于罪矣！"于是，纠正、约副放下酒杯，犯过者行拜礼，约长回礼之后，各自归位。这种仪式是乡饮酒礼与乡约劝诫的融合。从周代起，乡饮酒礼就已形成，它有严格的礼仪流程和仪式规范——在宴会上，乡大夫或州县长官设宴表彰地方上贤德有才之人，用尊贤养老思想教育乡里。在乡约劝诫中，借用乡饮酒礼的仪式化展演可以使得仪式现场气氛庄重、肃穆，使犯过者端正态度、悔

过错误。其间，犯过者与教诲者彼此之间的互动往来、自省自察，亦感人颇深。但是，此举对仪式用语及双方反应都做了细致规定，使整个过程难免像模仿剧本的表演，其教化过程及效果颇显得过于理想。

彰善纠过之后，众人集会，吃饭。饭毕，约正还要再一次申诫劝勉："呜呼！凡我同约之人，明听申戒，人孰无善，亦孰无恶；为善虽人不知，积之既久，自然善积而不可掩；为恶若不知改，积之既久，必至恶积而不可救。今有善而为人所彰，固可喜；苟遂以为善而自恃，将日入于恶矣！有恶而为人所纠，固可愧；苟能悔其恶而自改，将日进于善矣！然则今日之善者，未可自恃以为善；而今日之恶者，亦岂遂终于恶哉？凡我同约之

敬酒

27

人，盍共勉之！"

王守仁将善与恶看作是可变化的，他不以既定眼光评价他人，给犯错的人留有改正的空间，对行善的人小心劝诫，情真意切，特别有助于扬善匡恶。王守仁推行《南赣乡约》的时间虽然不长，但是他将其与保甲制度相互配合，一个安定秩序，一个安定民心，尤其在后期，

他又推行社学，注重童蒙教导，使南赣地区的社会秩序与风俗得到改善。将《南赣乡约》和之前的《吕氏乡约》对照来看，《吕氏乡约》是民间自发自治的乡约，而《南赣乡约》是政府推行的乡约，它不再允许乡民自由地出约，而是由政府强制加入，体现了官办色彩。另外，在乡约集会中融入乡饮酒礼、

| 社学里的孩子 |

设置告谕牌、盟誓等内容，都是王守仁的首创，其在后期乡约发展中也得到了借鉴与保留。

（二）黄佐与《泰泉乡礼》

在社会治理中，王守仁多管齐下，从道德教化、治安管理、学校教育三个方面进行乡村治理，其中，乡约、保甲、社学是分而行之的，三者属于并行不悖、相辅相成的平行关系。在之后的发展中，乡约、保甲、社学、社仓逐渐融合起来，呈现出水乳交融之态，成为一种综合性的乡村治理制度。黄佐的《泰泉乡礼》便是其中的一个代表。

黄佐（1490-1566），明代广东香山（今广东中山）人，字才伯，号希斋，晚号泰泉，

是岭南著名学者。他晚年因与当朝者意见不合，罢官归乡后，潜心研究，将白云山景泰寺改为泰泉书院，著书立说，传道授业。黄宗羲感叹其"典礼乐律词章，无不该通"，并在《明儒学案》中特立《泰泉学案》以示尊敬。

《泰泉乡礼》是黄佐任广西学督时因母亲生病而乞休家居时所作，一共七卷，首写乡礼纲领，以立教、明伦、敬身为主，并列冠、婚、丧、祭四礼规范。次举乡约、

《泰泉乡礼·提要》（书影）

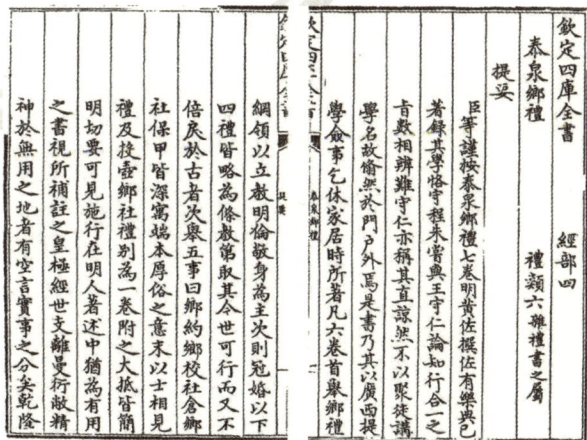

乡校、社仓、乡社、保甲五事，以端本厚俗，通过具体的规章条目实现对乡社政事、教事、养事、祀事、戒事的综合管理。最后附加《士相见礼》《投壶》《乡射礼》诸篇为一卷。

1. 乡礼纲领

乡礼的主导者是士大夫——"凡乡礼纲领，在士大夫，表率宗族乡人，申明四礼而力行之，以赞成有司教化"。黄佐以受过儒家教育的士人、乡绅作为乡礼的

《泰泉乡礼·卷一 乡礼纲领》（书影）

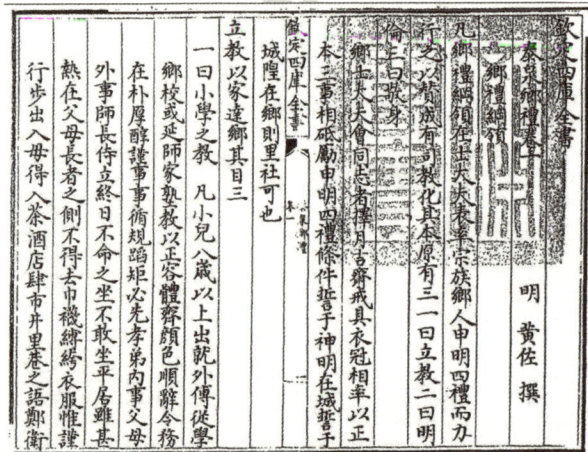

推动者，目的是"礼下庶人"，将儒学思想普及到民间，使礼乐制度贯彻到平民日常，从而更好地敦风化俗，实现道德教化。

乡礼教化的主旨是"立教、明伦、敬身"。"立教"的目的是"以家达乡"，通过私塾庠序以及社学教育教导修身、齐家、交游的道德要求以及礼仪规范。"明伦"的目的是"以亲及疏"，包括崇孝敬、存忠爱、广亲睦、正内则、笃交谊五个方面。"敬身"的目的是"以中制外"，包括笃敬以操行、忠信以慎言、节俭以利用、宁静以安身四个方面，也就是分别要做到清心寡欲、言出必行、精打细算、慎动修身。

"既正本原，乃行四礼。""四礼"包括冠礼、

婚礼、丧礼、祭礼。《泰泉乡礼》对其礼仪规范、仪节内容、仪式用品、赠送礼品均做了规定。它倡导根据人户多寡、财富丰厚来决定礼仪规模与酒食丰俭，主张用度从简，禁止大操大办。例如：关于婚礼亲迎，其主张"其有隔水路而用装彩大船、铜鼓仪仗，陆路用蒲灯、花筒、爆仗等项者，罪之"。

另外，黄佐在《泰泉乡礼》中还明令禁止了当时的一些社会乱象，比如有的家庭因重男轻女，或者无力负担女儿嫁妆，出现溺亡女婴的现象，黄佐认为一旦发现这种现象，应立即报官惩治；还有，有的媒人在撮合婚姻时夸夸其谈，使得男女双方遭受蒙骗，婚后生活不美满，家庭不幸福，黄佐认为应追究媒人的责任。

既行"四礼"，乃酌"五

事"，来统筹各乡事宜——"一曰乡约，以司乡之政事；二曰乡校，以司乡之教事；三曰社仓，以司乡之养事；四曰乡社，以司乡之祀事；五曰保甲，以司乡之戎事"。这些事务的举行都有一定的民主性，大家可以自行举荐"聪明诚信、为众所服者"担任约正、约副，官府不能"差人点查稽考，以致纷扰"。同时，官府还要接受百姓的监督，以"四事"为勉，为百姓去"十害"。"四事"包括"律己以廉、抚民以仁、存心以公、莅事以勤"，"十害"包括"断狱不公、听讼不审、淹延囚系、惨酷用刑、泛滥提解、招引告讦、重叠催科、科罚取财、纵吏下乡、低价买物"。官员如果有违犯"四

事"、行"十害"的行为，乡绅可以直言指出，被采用者，授予褒奖。但这并不意味着约正、保长等人可以胡作非为，完全把持一方，因为各乡校的教读有上传下达的职能，他们要将政府指令准确地传达到基层，并且监督考察乡间民风、约正及保长等人的工作作风，汇报有司进行整改或褒贬事宜。

黄佐的乡村治理体系是一个既相互分工合作，又相互勾连的系统。以下就"乡约""乡校""社仓""乡社""保甲"制度分别解释。

2. 乡约

在乡约的管理制度中，设一位"有齿德者"为约正，两位"有学行者"为约副，每月轮流一人担任直月。并设置三籍统一管理，入约者

书于一籍，德业可劝者书于一籍，过失可规者书于一籍，由直月负责监督记录。

约规仍然出自朱熹增损修订的《增损吕氏乡约》，并借鉴了邱濬《家礼仪节》的部分内容，包括"德业相劝、过失相规、礼俗相交、患难相恤"四个方面。某些条目有所变动，比如"德业相劝"的含义："德"的含义变成了"孝于父母、友于兄弟、肃于闺门、和于亲党、言必忠信、行必笃敬、见善必行、闻过必改"；"业"的含义变成了"读书治田、营家济物、兴利除害、居官举职"。其他的条目没有很大变动，只是部分阐释内容有所增删。

集会的仪式借鉴了朱熹的"月旦集会读约之礼"以及王守仁的《南赣乡约》中

的仪式，包括行礼、盟誓、读约解约、推善纠过、饮食、自由习礼、说书等几个环节。集会时间安排在农历每月初一，而二月和八月的集会则结合春社、秋社的活动一起举行，地点设置在里社或者乡校。与此前乡约不同的是，此乡约中增加了教读和社祝的参与。教读也就是社学中的老师，在集会中负责讲解乡约、回答疑问，并且在饭毕活动环节，带领童生歌诗，并且演习冠礼、婚礼、祭礼

《泰泉乡礼·卷二　乡约》（书影）

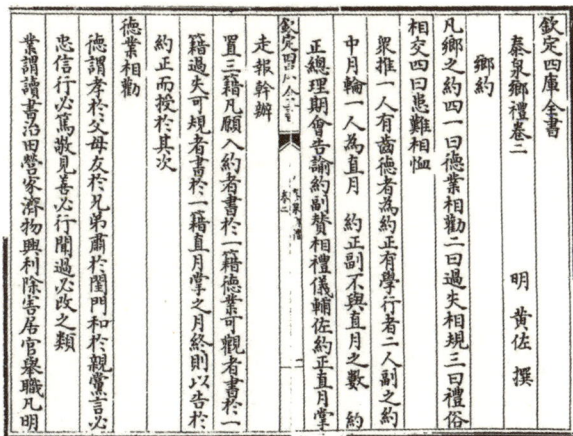

与乡射礼；社祝则负责主持活动仪式。另外，其盟誓内容相比《南赣乡约》也更加丰富——"约正某等敢率同约者誓于里社之神，自今以后，凡我同约之人，祗奉戒谕，孝顺父母，尊敬长上，和睦乡里，教训子孙，各安生理，毋作非为。遵行《四礼条件》，毋背乡约，齐心合德，同归于善。若有二三其心，阳善阴恶者，神明诛殛"。《泰泉乡礼》中还增

加了《圣谕六言》和"四礼"的内容。

3. 乡校

乡校条款要求在城之四隅的"大馆"和每社的"社学"实施乡校，凡八至十四岁的适龄儿童必须接受教育，否则会受到地方政府的盘问和惩罚。

社学中教读的聘任由地方政府负责，一般由学行突出的儒生担任。教读主管一乡风化，代有司巡查监督地

教读

方，拥有相对官方的地位。但是，他们也要接受约众的每月例行稽考，如果教读举止不端，有伤教化，乡民有权力将他驱逐出社学，情节严重的还要被送官治罪。可以说，群众的监督避免了教读因受官方授命而一己独大、以权谋私的情况。

社学的教学内容包括六行、六事、六艺。"六行"指的是"孝、弟（悌）、谨、信、爱众、亲仁"；"六事"指的是"洒、扫、应、对、进、退"；"六艺"指的是"礼、乐、射、御、书、数"。其教学目的不仅要教授书本知识，更主要的是要培养学生爱亲敬长、隆师亲友，习礼乐、养性情，守教法、禁游逸的性情品格。上课时间分早学、午学、晚学，在不同的时间，学习内容也不同：早学学习句读，以《小学古训》《孝经》《三字经》以及"四书"为教材，午学学习歌诗、书法、绘画、算术，晚学的内容是练习礼仪、温习功课。上学期间，学生若无故逃学一次，罚诵书二百遍；两次，加扑挞，罚写字十张；三次，扑挞，并且父兄也要一起受罚，责其不教之过。

在乡约集会上，教读要带领学生一起讲习诗书礼乐。集会当日，教读要讲解

《泰泉乡礼·卷三　乡校》（书影）

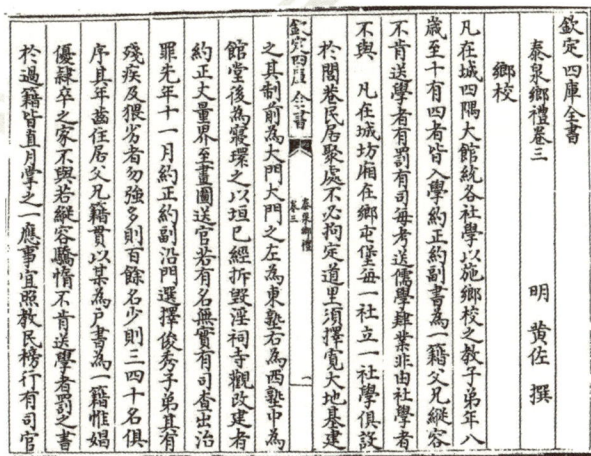

35

《三字经》

有关风化教育的内容，之后学生按抽签次序讲《小学》《日记故事》《大诰》《教民榜文》、律令等内容。饮宴结束后的自由活动环节，学生还要展示学过的冠礼、婚礼、祭礼等内容，或者弹琴吹笙、抽查音律，配乐演习投壶、射箭等礼仪。除此之外，每年祭社的时候，乡老、约众要考查学生的性行、经义、才能三方面的水平，

对有善行的学生将其姓名记录在善籍册，并且有司会赐予膳食津贴优待，以示奖励；对有恶行的学生要进行劝诫，并追究教读责任。

除学生教育外，教读还兼任负责地方风化。社学升馆之日，教读要以楷书书写《谕俗》六条、《劝民》二事及《四礼条件》，分发约内乡民，以教化乡民。《谕俗》六条指的是：教子弟以

兴礼义、禁火化以厚人伦、辟异端以崇正道、敦朴俭以保家业、息争讼以免刑罪、化愚顽以息盗贼。《劝民》二事，一是"劝农文"，以朱熹的劝农条目教授百姓农桑之务，使百姓勤务农业；二是"劝孝文"，教育乡民谨身节用，孝奉双亲。在乡约集会日，教读讲解风化并带领学生演习礼仪也是为了教化乡民。约众如果有违犯乡约条文的情况，约正、约副、教读都有不教之责。

4. 社仓

社有学则有仓，社仓的主管是乡老，他们与教读、约正等一起管理社仓，并且借助保甲制度的配合来保障社仓安全，有司不得干预。

社仓中仓谷的来源有三种。一是公借，即向官府借粮作为谷本，春借冬还，支付一定利息。若当年社仓中的粮食因灾害歉收，借粮可作为赈贷之用，丰年再还。二是义劝，即号召军民中的良善之家捐谷，有捐献的人可得到赏义票一张，若有违背乡约的犯过者可凭赏义票减免处罚。捐谷多者，有花红、羊酒，或将其子弟充任儒学生员（俗称秀才）等奖赏。另外，每年秋收时，除无田者，每家应捐谷一斗，

《泰泉乡礼·卷四　社仓》（书影）

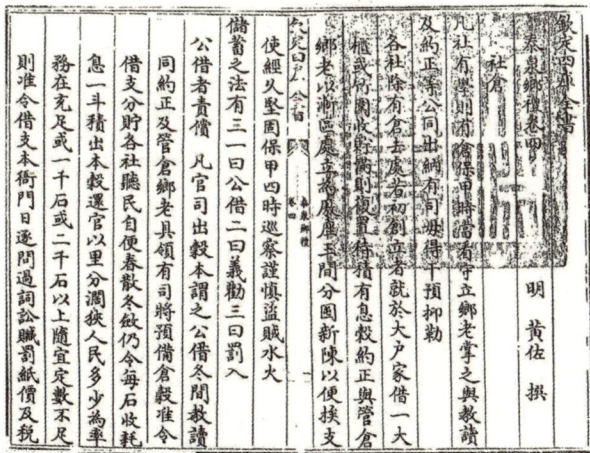

叫作"沿门谷"。三是罚入，即乡约中凡有犯"犯义之过、不修之过"的人以及逃学者都要罚谷入仓。另外，在诉讼中理亏的人也可以缴纳罚谷来平息纠纷。若有罚谷或沿门谷入仓，约正、教读等人应开"移票"一张作为记录，并给对方开"回票"一张作为凭证。

仓谷可以用来借贷、买卖、救济赈灾。其中，借贷条款规定，借贷的条件是"士无恒产而有恒心者借，力农者借，工商者借""游手游食者不借，素无信义而人不肯保结者不借，一次负欠者不借"，这种规定不仅降低了借贷的风险，而且有助于对乡民道德形成约束，助益社会教化。尤其值得称道的是，社仓有抚恤赈济的功能：乡社中凡有年长不能婚、贫死不能葬、疾病不能医、患水火盗贼之难的人，以及鳏寡孤独残疾者都可得到救恤——有流民大饿入境者，为之施粥、预储医药；有孩童被遗弃道路的，要交予无子之家收养或收为社夫；灾荒之年，男女将婚而不能成婚的，要办事从简，或者出谷钱助之……这些费用都可由社仓以公共开支的形式进行支出。由此可见，社仓既担负着调剂谷价的经济功能，也承担着扶危济困、赈灾备荒的公共民生功能。

5. 乡社

城郭、坊厢及乡村以百家为单位设立一社，即乡社。乡社由社祝管理，筑土为坛，并在每年春秋社日时祭祀五土、五谷之神，也就是社稷神。有六件事情要在乡社举行：（1）有事则告。立乡约、请教读、编保甲、建社仓，以及加入乡约、开除出约，都需要在乡社报告。（2）有求则祷。在祈求风调雨顺、消灾弭兵、去疾免罪时，由社祝祷告于社。（3）有疑则誓。凡是乡老处理诉讼、社仓处理出纳、保甲处理治安等过程中出现难以解决的情况，都要在乡社中向神灵发誓。（4）有过则罚。处罚不修之过、犯约之过的行为也是在乡社中进行。（5）有患则禳。凡遇水旱、瘟疫或祭厉驱傩，要在乡社中举行禳礼。（6）有庆则会。在春社、

《泰泉乡礼·卷五　乡社》（书影）

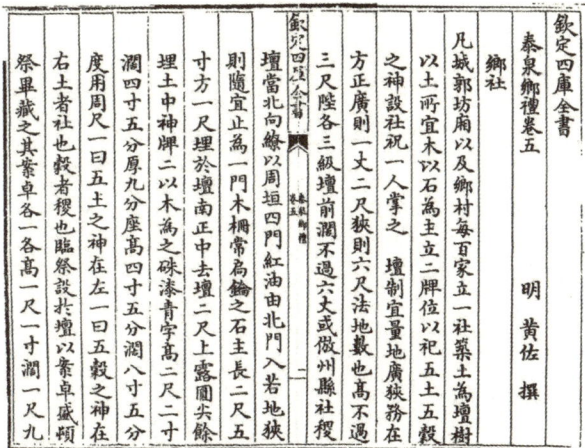

秋社、岁始、岁终时要举行集会，演习礼乐，以恭敬神明、和睦乡里。黄佐说："乡社之设，正以明则礼乐、幽则鬼神警动愚俗，使兴起于为善也。"黄佐认为神灵信仰要辩证看待，正确的方式是借神灵的神圣、权威来培养民众的敬畏之心与向善之心，使风俗归厚、民心归一。

6. 保甲

规定一社之内以一家为一牌，十牌为一甲，甲有总，十甲为一保，保有长。甲总由每五丁中抽一精壮者按天轮流担任。保长要推选才行为众所信服者担任，或者由约正兼任，职责是率领甲总防御追捕盗贼。

保甲有三种牌式。一是戒谕牌。书《圣谕六言》立于乡社或乡校。二是沿门牌。

各家填写人口、户籍、职业、家产、寄宿客人等信息置于门楣，以备考察，并汇总各家信息造册三本，由约正、乡老、保长分别保管。三是十家牌。十家牌将十家信息书于一牌，甲总每天持十家牌挨家挨户检查各家动静，如果有面目生疏之人、形迹可疑之事以及违犯条约不听劝谕者，要上报纠察，如有隐匿，十家连坐。

保甲要以八件事纠察在社之民，对其劝惩。一是遵戒谕，要做到"父慈子孝，兄友弟恭，夫和妇顺。善相劝勉，恶相规戒。患难相恤，出入相友。小心以奉官法，勤谨以办国课"。二是慎宥罚，遇犯错之人要对其劝诚，不可窝藏包庇。三是联守望，即遇到盗警，要各家合作出击，互相帮衬。四是时操练。五是严约束。六是稽去住。七是恤困穷，即保内如果有残疾、病弱以及孤贫无倚的人，要收养帮助。八是防行旅，即审查行旅住宿之人。这八件事以治安为主，教化为辅。保甲的目的不仅在于均徭役、御外侮，也是为了淳风俗、兴礼乐。

黄佐的《泰泉乡礼》介绍了一种乡约、社学、社仓、乡社、保甲多管齐下治理民间的方式，各种制度相互独立，各有分工，但又互相勾连，互相补益。这种体制倡导官方的监督和指导，也充分尊重和发挥了民间自主自治的职能，是值得肯定的治理模式。《泰泉乡礼》施行后"乡礼兴而盗贼息，教化行则风俗厚"，后被官方刻

印，在全省推广。

自黄佐的《泰泉乡礼》施行以后，随着章潢、吕坤、刘宗周、陆世仪的不断探索，乡约与保甲、社仓、社学的关系更为紧密、系统，四者相互协调，相互补充，甚至可以根据不同时代特征和地域特色，调整四者关系，促进乡村治理。比如明末清初大儒陆世仪在《治乡三约》中就提出，要真正实现社会教化，必须发挥四者的统和作用，乡约的实行如果脱离

《泰泉乡礼·
卷六　保甲》
（书影）

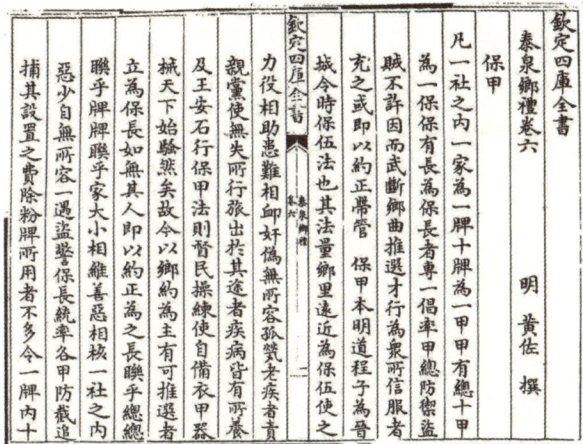

41

了保甲、社仓、社学等军事制度、经济制度、教育制度，就会变成镜中月、水中花，无法发挥其实际作用，因此他倡导以乡约为本，社学、保甲、社仓为纲的乡治体系，并且在实际应用中，注重通过保甲、社学、社仓等实际功能的实现来辅助乡约教化的推广。

三、清代：乡规民约的失落期

乡规民约发展到清代的一个显著特征是乡约组织成为以宣讲"圣训""圣谕"为主要内容，以敦促社会教化为主要职能的组织机构。宣讲地点设置在乡约所，宣讲时间是农历每月初一、十五，宣讲人员由老成而又德行显著的生员担任，宣讲

内容包括《圣谕六言》《圣谕十六条》《圣谕广训》等，宣讲人员力争以方言、故事、图像等生动形象、通俗易懂的方式结合贴近农民日常生活的内容进行讲解，以期产生感染人心的效果。

顺治帝沿用了明太祖的《圣谕六言》。而后，康熙帝颁布《圣谕十六条》在全国推行，其内容是"敦孝弟以重人伦、笃宗族以昭雍睦、和乡党以息争讼、重农桑以足衣食、尚节俭以惜财用、隆学校以端士习、黜异端以崇正学、讲律法以儆愚顽、明礼让以厚风俗、务本业以定民志、训子弟以禁非为、息诬告以全良善、诫窝逃以免株连、完钱粮以省催科、联保甲以弭盗贼、解仇忿以重身命"。雍正帝在位时，

为了避免《圣谕十六条》成为空洞的虚文、教条，便对每一句训言依次推衍解释，扩充为十六篇短文，形成洋洋洒洒万言字的《圣谕广训》。《圣谕广训》逐渐取代前两者，不仅成为乡约讲解的正本，还成为仕子、童生考试的重要内容。在民间推广过程中，为了适应百姓的知识水平和审美习惯，逐渐衍生出白话文配有图画的圣训、圣谕，比如《圣谕广训直解》《圣谕广训衍》《圣谕衍义三字歌俗解》等。

咸丰年间，为了抵御太平军，江苏江阴、常熟等地设立团练。江苏绅士顾凤刟等人指出，团练是有形的保卫，乡约是无形的保卫，应力行乡约，倡导去恶从善，激发人民的忠义之心，才能彻底荡平内乱。他们的主张得到江苏提学的肯定与推广，各府、州、县开始结合自身情况建立乡约局，宣讲乡约。以清代余治在《得一录》中记载的《宣讲乡约新定条规》为例：乡约规定，在城中设乡约局，由公正绅董总管，另聘品学兼优、为众所服者二至四人为约正，

康熙画像

43

享受工作人员编制，给予薪水并颁发官方谕贴。每年农历正月十五，约正前往各乡访问乡风民情，并且宣讲圣谕。约正每到一乡，要先进行考察，一方面察举不孝不悌、纠众械斗、溺女焚棺、窝匪诱赌、杀牛宰犬、焚林竭泽等恶俗，与当地乡董、绅耆商议订立禁约，树立规范；另一方面查访孝子悌弟、养老恤婴、救火扶病等善行，向官方申请奖励和救济。约正宣讲圣谕前，会提前一日张贴告示，说明宣讲人和宣讲内容，讲授内容以《圣谕广训直解》为参照，在宣讲时要注意夹杂方言、俚语，并借用比喻和典故反复开导，使宣讲形象生动，并且应该结合当地善行恶举以及善恶报应，晓以利弊，

对症下药，从而使宣讲产生实际效果。宣讲结束后，约正会同乡中父老、地方长官共同推举老成、敦厚一人为乡约长，由其总领该乡乡约事宜。乡约宣讲每年四次，其中两次借在文昌宫举行惜字会时举行，另外两次则借举办春祈秋报的惜谷会时举行。除了直接的讲述外，乡约局还会印刷简明、通俗的善书或劝善字画，刊刻出来，张贴于神庙等处，用于劝善。约正每年赴乡宣讲有专门的用于记录的册簿和考核方式，对表现好的，约正会赠送其匾额或节仪，对不耐辛劳、虚应故事的人则会将其劝退。

虽然乡约局因种种弊端，运行并不理想，但它将圣谕宣讲与劝善结合，将地

方教化和社会救济结合，形成了清代乡约以圣谕宣讲为唯一内容形式下的独特存在。清代末年，社会动荡而疲敝，随着太平军攻陷江苏等地，乡约局也在维持五六年之后结束了短暂生命。

四、民国时期：乡规民约的再发现

民国时期，地方自治制度得到了延续。这一时期，文人政客尝试了一些地方自治实践，比如陶行知在南京实践"乡村教育"、梁漱溟在山东实践"乡村建设"、阎锡山在山西实践"村政建设"，试图来改变中华民族积贫积弱的现状，希冀找到治国救民的良方。其中一些实践关注了"乡规民约"的价值。

以阎锡山对山西实践"村政建设"为例，阎锡山从1917年开始主政山西，他特别关注村落的治理，认为要通过村禁约、村公所、息讼会、保卫团等组织分别落实立法、行政、司法、治安等功能。在他的推行下，山西各地出现了大量的"村

陶行知雕像

范""村禁约"。"村范"即村民言行规范,"村禁约"被称为村中之"宪法",由各村根据习惯、风俗自行制定,内容主要是列举应被禁止的不当行为。比如某村公议禁约内容为:"不准贩卖金丹洋烟,不准吸食金丹洋烟,不准聚赌窝娼,不准打架斗殴,不准游手好闲,不准忤逆不孝,不准儿童无故失学,不准偷窃田禾,不准毁坏树木,不准挑唆词讼,不准缠足,不准放牧牛羊蹿毁田禾,不准侵占别人财产。"村禁约是成文化的规约,它既为村民言行实践提供了指导,又可作为村落集体评判个人行为的准则,有利于推动村风、民风建设,也有利于保障村落公共建设与集体利益。

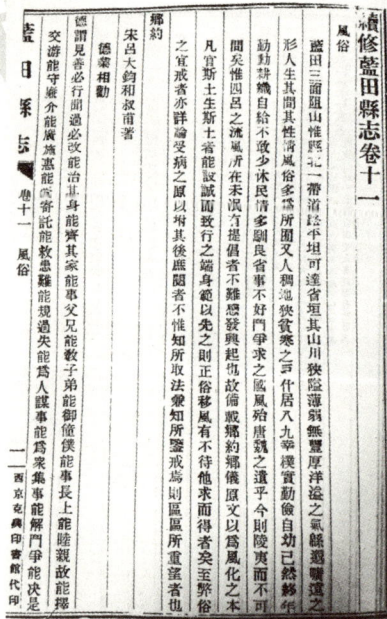

| 民国时期《续修蓝田县志》中记录的《乡约》（书影）|

五、当代基层社会自治的乡规民约

新中国成立以后,乡规民约在一段时期内被视作陈规陋俗湮灭不传。首先打破这片寂静的是 20 世纪 80 年代初的广西宜山三岔公社合寨大队（今宜州区屏南乡合寨村）。面对村中无人管事、治安混乱、赌博成风的情况,合寨大队果作屯一百多户农户派代表以无记名投票的方式选举产生了自治组织，被称为"村民委员会"（简称"村委会"），负责人被称为"村民委员会主任"。之后不久，经过民主商议与讨论，果作村民委员会制定了《村规民约》和《封山公约》，对村中修桥补路、保护山林水田、村落治安等公共事物做了规

当代村委会

村委会内景

定，并出台了严禁赌博，不准在路边、田边、井边挖鸭虫（蚯蚓），不准在河流上游洗衣、洗头、梳发等细则。果作村委会的《村规民约》和《封山公约》被认为是当代最早的村规民约。

合寨大队的民间自治组织以及全国范围内其他的自治形式逐渐引起国家重视，它们的成功经验被借鉴到改革开放后农村的基层建设制度中。1982 年，新修订的宪法将"村民委员会"列为群众性自治组织。1988 年，《中华人民共和国村民委员会组织法（试行）》开始试行，国家逐渐在全国推行村民自治。1998 年，《中华人民共和国村民委员会组织法》正式施行，其中第二十七条规定："村民会议可以制定和修改村民自治章程、村规民约，并报乡、民族乡、镇的

浙江诸暨枫源村村训村规
贾琛 摄

| 山西怀仁九溪村村规民约 |
贾银锁　摄

人民政府备案。"村民自治章程、村规民约在不抵触宪法、法律法规和国家政策，在不侵犯村民人身权利、民主权利和合法财产权利的基础上，成为落实基层民主选举、民主决策、民主监督、民主管理的重要举措。现在，全国各地绝大多数村庄都有了本村的村民自治章程和村

| 山西临汾尧都古镇公约 |
贾琮　道

规民约，它们从村落生产秩序、社会治安、村民法律义务、社会主义精神文明建设等方面推进了农村的治理和教育，成为农村基层制度建设的重要一环。

少数民族规约：以侗族的「侗款」为例

少数民族规约：以侗族的"侗款"为例

我国是一个多民族国家，长期以来，与乡规民约性质类似的"习惯法"也成为少数民族自我治理的重要方式，有代表性的包括壮族的寨老制、苗族的议榔制、瑶族的石牌制与瑶老制、侗族的款约制、傣族的村社制、高山族的部落制等。其中，

贵州黎平"侗族款约"已经入选第四批国家级非物质文化遗产名录。

侗族被称为"没有国王的王国"，在历史上一直没有建立过民族政权，在维持村落秩序，保障村落治安，实现村落治理方面，款约组织发挥了重要作用。侗族正

|贵州黎平竹坪村村落概貌|
李技文 摄

是以款约制度为核心才形成了当地的地域组织制度、家庭婚姻制度、礼俗节庆制度、亲属关系制度等，形成了"有父母却无君主，有款无官民做主"的地方自治风格。

一、侗款：一种民间组织形式

"款"在侗语中有真诚结交之义，可以用在交谈议事、盟誓定约等多种场景。"款组织"是侗族的地域性民间自治组织，承担地方法律、政治、经济、文化、军事等多方面的职能，依据管辖范围和履行职能不同，分为小款、大款、大款联合等几种形式。其中，"小款"由相邻的几个村寨订立盟约形成，"大款"由数个或数十个小款组成，而"大款联

合"涵盖地域面积更大，素来有"头在古州（今贵州榕江），尾在柳州（今广西柳州）"的说法。

"官家设衙门，侗人选乡老，朝廷设官府，民间推头人"，款组织设有首领进行管辖。村寨首领为德高望重的"寨老"，款组织的首领称为"款首"，由款民推举产生，一般由德高望重、能说会道、主持公道、熟悉侗歌的男性老人担任，但是能力显著的中青年或者女性也有机会成为款首。他们在日常生活中并无特权，没有工资，没有办公地点，和大家一样依靠劳动谋生，只有在涉及村落纠纷或村落大事的时候才出面组织协调。各款设有"款师"——有的由寨老、款首担任，有的由通

贵州榕江三宝侗寨

广西柳州侗族程阳八寨

人事和神事的巫师担任，负责背诵和讲解款约。另外，小款还设有"款脚"，负责看护鼓楼、传达信息；大款设有"款军"，平时为民，战时出征，是保卫地方安全的军事力量。

二、侗款款约

村寨要有条规，山场要有界石。"款约"是款组

|侗族三江鼓楼|

织和村寨范围的"款坪款"，进行丧葬仪式和宗教活动的"祭祀款""请神款"等，它们构成了侗族地区安定团结和稳定发展的有力制度保障和传承侗族地区人文社会风俗、政治历史文化的重要窗口。

在这些款约中，"约法款"最接近于作为村落规范和民间律法的乡规民约，可以称得上是整个款约组织的核心精髓所在。"约法款"包括"六面阳规""六面阴规""六面威规"三部分，其每一部分又划分出六个方面进行细化。

织治理的重要规范，它的内容非常丰富，包括规范侗族社区成员行为、道德规范的"约法款"，记述自然万物起源的"创世款"，详述侗族渊源的"族源款"，缅怀英雄人物的"英雄款"，记录反对外来侵扰的"出征款"，介绍各种风俗习惯由来的"习俗款"，标定款组

"六面阳规"是从轻处罚的条款，处罚方式包括罚款、赔偿、悔过等。比如其中讲到偷菜偷瓜的行为，要罚其敲锣喊寨，以示警示：

"讲到红薯地,讲到芋头园。菜有主,豆有架。如若哪家孩子夜间走路不拿火把,白天进寨不守规约。他不怕雷公劈顶,他不怕雷婆发怒。他在地头偷红薯,他在地尾偷豆夹。他在园里偷青菜,他在田里偷萝卜,没抓到就不说他了。如若抓到哪个,捉住他肩上挑的筐子,抓到他背上背的篓子,篓中有菜,筐中有豆。偷瓜、薯、菜、豆,罚四两四。除此之外,还要叫他敲锣喊寨。"

"六面阴规"是对重罪的处罚,一般都会处以死刑。比如其中讲到如何处罚偷盗牲畜、家财之人:"如果谁的子孙,胆像葫芦瓜……恶像虎,凶像龙。在楼上拱禾仓,在楼下撬金银,拱田埂挖鱼窝,挖深墙拱厚壁。我们寻蚂蚁足迹,找野猪脚印。拿得上手,抓得上担;得真不得假,得实不得虚。用棕绳勒颈,用草绳绑臂。拿进十三款坪,推上十九款坪。翻屋倒晾,拆屋倒梁,打他屋顶板破碎,门砍断节,家财拉尽,金银拉完。……压他碎得溶溶。撵他父亲三天路远,赶他儿子四处路长,父子不让返家,子不让归林。"

"六面威规"的主要内容是劝告人们相互尊重、友好往来、团结和睦、秉公断案、避免纷争等礼仪和道德规范。比如其中讲到兄弟分家的问题:"讲到家中兄弟,说到兄弟分家。分到梳中棉纱,分到园中竹子。分到锅、鼎、箱、架,分到碗、盏、瓢、盆。竹园随竹林,禾仓随住房。田有埂为界,山有石为

碑。不许哪家孩子，把上边的界石移到下边，把右边的界碑移到左边。家中兄弟，千年石压不垮，万年砥柱冲不毁。金子不许私留一包，银子不许私藏一两。要让池塘越来越深，要让堤坝越来越宽。肩膀不许相磨，膝盖不许相碰。"

在历史上很长一段时间里，侗族都是没有文字的，款约内容的普及和传承主要依靠的是"勒石盟款"和讲约活动。因石头具有坚硬、稳固的特点，凡侗族村寨立法，都要"勒石盟款"，以象征约法的权威、坚不可摧、不可侵犯，约众违犯规约也要在这块石头前定罪处罚，侗语称之为"进石进岩"，所以侗族的民间法又被称为"石头法"。早期的"石头法"并没有文字,一直到明末清初,随着汉族文化的扩展,成文的"款碑"开始出现,才促进了款约的文字化传承。

三、传统的讲款活动

像史诗一样,"款约"最初的传承依靠的是口耳相传的方式,为了便于记忆,也为了增强讲述效果,款首一般利用韵律节奏、排比反复等手法加工创作,使得款约成为一种生动形象的民间口头文学。每个款组织每年都要举行至少一次讲款活动,向款众普及地方知识与当地规矩。一般来说,"三月约青,九月约黄",讲款一般选在农忙备耕、作物收获之时,或者过年时分。村寨的讲款地点在鼓楼,小款和大款的讲款地点则在离村寨不远的平坦山坡或河坝上,称为款坪。正式而重大的讲款活动有很强的宗教仪式感,参加讲款的人员都要穿着民族服装盛装出席,款首或款师在背刀卫士的簇拥和芦笙乐队的伴奏下出场,人员到齐后,首先游寨一圈,然后在鼓楼下或者款坪上祭祀祖母神——"萨"后开始正式讲款。讲款者站在高高的石台或板凳上,手持用禾秆草或茅草挽成的草结,每讲完一条,款众就高声应和"是呀",然后讲款者将一根草结放在神台上,以示此条已经讲完。接着再讲另一条,直至将各条讲完。款约的讲解不仅促进了款约内容的宣传,形成统一的认同根基,而且有利于促进道德教化，凝聚村落情感。

以侗族款约制度为代表的少数民族习惯法在维持地方秩序、满足个人和集体需要、维护社会治安、传递民族文化等方面发挥着重要功能。中华人民共和国成立以后，少数民族地区新建立起的基层政权在一定程度上取代了原有的地方自治机制。但是伴随着改革开放以后国家法治建设进程的推进、民族区域自治制度的进一步落实，以及传统文化的复兴重振，少数民族地区的民间自治制度和自治规范在一定程度上得到了回归和重建。

整修村道路碑序

年逢盛世，社会和谐，政策惠民，年乃丰，民乃富，整
改观村容村貌，乃民之所望，民之所向，往昔踏泥冰水赞民
情，渝余已去不复重现。村民职工，鼎力支援，捐资
放眼全局，惠及村民，福泽后世，为小康而愿，为民
敬，奉献可嘉，特立碑石以记之。

王学田 贰佰元　　王光复 壹佰元　　马超羊
马广荣 贰佰元　　王日强文 壹佰元　　王禾田
王光南 贰佰元　　王学克宽民 壹佰元　　马吕
杨谋幸武 壹佰元　　王马瑞旺田 伍拾元
马超 壹佰元　　　　陶沟村第二村

乡规民约分类体系及价值辨析

乡规民约分类体系及价值辨析

乡规民约经历了漫长的发展历程，在中华大地的很多地方进行了形态各异的探索与实践。从制定性质来说，包括民间自发型乡规民约、国家倡导型乡规民约和国家强制型乡规民约；按照内容划分，包括专门性乡规民约、道德性乡规民约和综合性乡规民约；按照载体不同，又可划分为口头性乡规民约、文字性乡规民约、石刻性乡规民约等。无论形态如何变化，内容如何，乡规民约在村民道德教化、村落秩序维护以及国家推进民主自治、推动地方社会建设、弘扬传统文化等方面都发挥着重要

功能。2015年，中共中央、国务院出台的一号文件中明确要求："要从农村实际出发，善于发挥乡规民约的积极作用，把法治建设和道德建设紧密结合起来"，使乡规民约的传承和发展在当代兴起一个新的高潮。

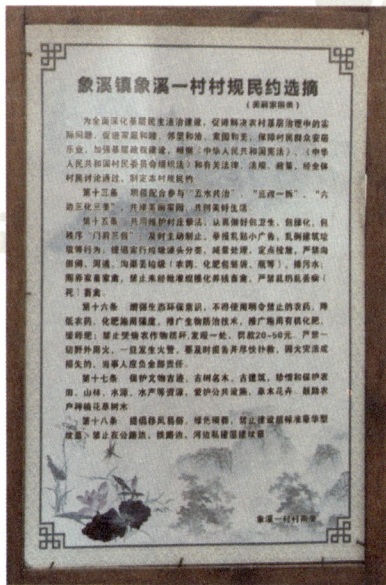

浙江松阳象溪村村规民约（局部）｜

贾琛 摄

一、乡规民约有利于发展基层自治

从历史上看，乡规民约一直是乡间社会治理的重要手段。《吕氏乡约》具有很强的民主自治特征，它倡导乡民入约"来者不拒，去者不追"，充分尊重个人自由选择的权利，而且在乡约组织中注重发挥每个人的参与性，比如"直月"一职的选拔不以社会地位为标准，而是全体约众按照年龄、长幼之序轮流担任，约众可以亲身参与组织管理，有利于提升大家的主体责任感和参与积极性。另外，乡约每个月有固定的集会活动，在集会活动中，同约之人要公开平等地对约中事务进行讨论，并对同约人员的行为进行品评赏罚，共同修正乡约的规条，促进乡约的发展。这种由集体决策乡村事务的方式具有很强的自治特征。在以后的乡约发展中，部分学者和统治者也在注意用"无为"的方式来管理民间，比如黄佐的《泰泉乡礼》中特别规定，地方政府除了起到辅助和监督作用之外，不能具体参与到乡间事务中，要给民间自治保留较大的发展空间。

乡规民约可以说是在同一地域空间为人们建立起了共同遵行的道德和行为规范。这些规范使人们的言行有了依据，使乡村社会的治理有了标准，使人们行为的赏罚有了参照，从而有利于保证乡间生活合理、有序地进行。这种自治制度对于地域广阔、人口众多的中国来说具有一定的必要性，因为充盈在乡间社会的土地、财产、人情等纠纷大部分都属于日常生活中鸡毛蒜皮的小事，如果这些事情都要依靠国家机关和行政人员的调解审判，势必会使人员和物资大量消耗，并占用大量的治理资源和时间。

另外，国家政策从某种程度来说具有宏观性和引领性，但对于广大基层乡村社会和城市社区中出现的具体而复杂的问题来说，可能针对性不足，操作性不强，因此，在国家宏观引领的基础上，乡村社会注重利用乡土资源和民间本土力量促进民间的自我管理、自我服务具有一定的必要性和重要性。

同时，乡规民约中规定的公共救济、公共建设、公共安全、公共问题解决等条例，也是在基层自治的基础

陕西蓝田陶沟村村民集资整修道路的碑记｜

王智 摄

上进行的。很多公共事务仅靠一己之力是很难解决的，必须借助集体的力量，开展社会动员。并且很多在人际互动和集体活动中出现的问题，也必须通过集体规约进行规范。在《吕氏乡约》中"患难相恤"部分，集中规定了同约之人相互救济的原则，这是对在乡村社会中面对具体问题的思考。《南赣乡约》中对富人商户放贷收息、百姓私通敌情、地方长官索取贿赂等问题的提出与规范也表现出民间自治有利于解决人们日常生活问题的特性。

此外，民间还存有不少针对具体问题的乡规民约，比如福建周宁浦源村的护鱼规约规定"凡捕食鲤鱼者，罚戏三天，并要为死去的鲤鱼举行葬礼"。这一规约大保护了鲤鱼的自然繁衍生息，使之形成了美丽的鲤鱼自然保护区。2008年，这一护鱼习俗入选了福建首批非物质文化遗产名录。再比如福建龙岩永定区培丰镇长流村制定的护林公约规定："议此山内不论大小树木概不准人砍伐……议此山林内原有坟墓或土窖如有修理先通知公众准照原式修理，不得扩大其坟及挖土情事致伤林木……"该公约保护了村中的风水林，守护了一方的生态环境。

二、乡规民约有助于倡导社会德治

乡规民约在最初产生之时，受到了儒家思想，尤其是关学精神的影响。儒家思想强调"仁义礼智信、温良恭俭让"的君子品德和德治教化、导民向善的精神。到了北宋，以张载为首的关学学派倡导"躬行礼教""以礼入化"，在思想的维度上，增加了对个人行为实践的关注，倡导在日常生活中，言谈举止要以"礼"为指导和规范，约束自身行为，并在实践中践行儒家学说，以达到"经世致用"的目的。"四吕"中有三人都曾跟随张载学习，尤其是吕大钧，本与张载为同科进士，却受其思想感染，毅然拜之为师，言行举止以张载学说为法度，其制定的《吕氏乡约》可以说是发挥关学精神、在日常生活和乡民社会中贯彻儒家思想的结晶。《吕氏乡约》中规定的"德业相劝，过失相规，礼俗相交，患难相恤"

中的很多内容都体现了儒家道德思想，尤其是"修身、齐家、治国、平天下"的理想抱负，它所倡导的孝顺长辈、和睦乡民、诚实守信、敬业奉献、乡民互助等个人品德、家庭美德、交友之道、社会公德、家国情怀在当今社会仍然具有现实意义。此后，乡规民约的发展受《吕氏乡约》的影响，注重利用道德教化的方式进行乡村社会治理，从而促进了村落的道德建设和民风建设。

与正式的法律规章制度相比，传统的乡规民约通过"书善""书恶"的方式进行奖惩，明显体现了德治思想和礼治精神的渗透。朱熹对《吕氏乡约》修订之后，更加强调了教化的作用，他取消了乡约中原本的罚款惩罚，改为约众相互劝诫，即使小错、小过也只是在私下场合劝导规诫，体现了对约众道德自省精神的尊重。尤其是在《南赣乡约》中，王守仁认为设置奖惩的目的是教化从善，而非惩治，所以规定在彰善时要"辞显而决"，纠过时要"辞隐而婉"，并且注意给犯错之人改过的机会，以激发善念，避免惩罚过度严厉，激起其破罐破摔、放任自流的心态。"书善"的方式也体现了发挥道德模范的引领作用，将德行彰显的个人作为模范，使公众在心中竖立起道德标准，从而有利于引导社会风化。

此外，传统的乡规民约也注重通过"践之于行"的礼仪规范引导"发之于心"的道德培养。《吕氏乡约》中《乡仪》部分规定的冠婚丧祭礼仪、日常交往礼仪，以及《南赣乡约》中规定的"彰善纠过"等内容其实都涵盖了伦理秩序与道德规范。由此可见，在这种身体力行的实践中培养人们的道德品质，是关学精神的一大特点。当今社会提倡研习传统礼仪，倡导礼节礼貌，实际上也是在贯彻这种做法。

当代的乡规民约倡导贯彻社会主义核心价值观，促进精神文明建设，号召崇文重教、尊老爱幼、崇尚文明、告别陋习、邻里和睦，反对打架斗殴、铺张浪费、大操大办等内容也是在进行美德规范。相比制度约束来说，乡规民约更强调以具有柔韧力量的文化治理的方式来引导乡风文明建设，它的影响是潜移默化的，但同时也是更加深远持久的。

总而言之，乡规民约在发扬地方自治和德治中发挥了重要作用，它是实现民间善治的有效方式。部分乡规民约有地方法规的作用，被称为"民间法"或者"习惯法"，在推进完善国家法治建设进程中可以起到一定的辅助作用。但是值得注意的是，实现乡规民约当代价值的转换，必须以当代社会核心理念、法治精神、人权精神作为指导，应注意发挥其对于当代社会的积极作用，摒弃其对于社会发展的消极影响。

图书在版编目（ＣＩＰ）数据

乡规民约 / 萧放，贾琛编著 ；萧放本辑主编. ——
哈尔滨 ：黑龙江少年儿童出版社，2020.11（2021.8 重印）
　（记住乡愁 ：留给孩子们的中国民俗文化 / 刘魁立
主编. 第七辑，民间礼俗辑）
　ISBN 978-7-5319-6571-8

Ⅰ. ①乡… Ⅱ. ①萧… ②贾… Ⅲ. ①乡规民约—风
俗习惯—中国—青少年读物 Ⅳ. ①K892.27-49

中国版本图书馆CIP数据核字(2020)第233029号

记住乡愁——留给孩子们的中国民俗文化　　　　　　　　刘魁立◎主编

第七辑 民间礼俗辑　　　　　　　　　　　　　　　萧 放◎本辑主编

乡规民约 XIANGGUI MINYUE　　　　　　　　萧 放 贾 琛◎编著

出 版 人：商 亮
项目策划：张立新 刘伟波
项目统筹：华 汉
责任编辑：杨 柳
校 对：王冬冬
整体设计：文思天纵
责任印制：李 妍 王 刚
出版发行：黑龙江少年儿童出版社
　　　　　（黑龙江省哈尔滨市南岗区宜庆小区8号楼 150090）
网 址：www.lsbook.com.cn
经 销：全国新华书店
印 装：北京一鑫印务有限责任公司
开 本：787 mm×1092 mm 1/16
印 张：5
字 数：50千
书 号：ISBN 978-7-5319-6571-8
版 次：2020年11月第1版
印 次：2021年8月第2次印刷
定 价：35.00元